FRANCISCO LIMA NETO

KRENAK
Ailton Krenak

1ª edição – Campinas, 2022

"Definitivamente não somos iguais, e é maravilhoso saber que cada um de nós que está aqui é diferente do outro, como constelações."
(Ailton Krenak)

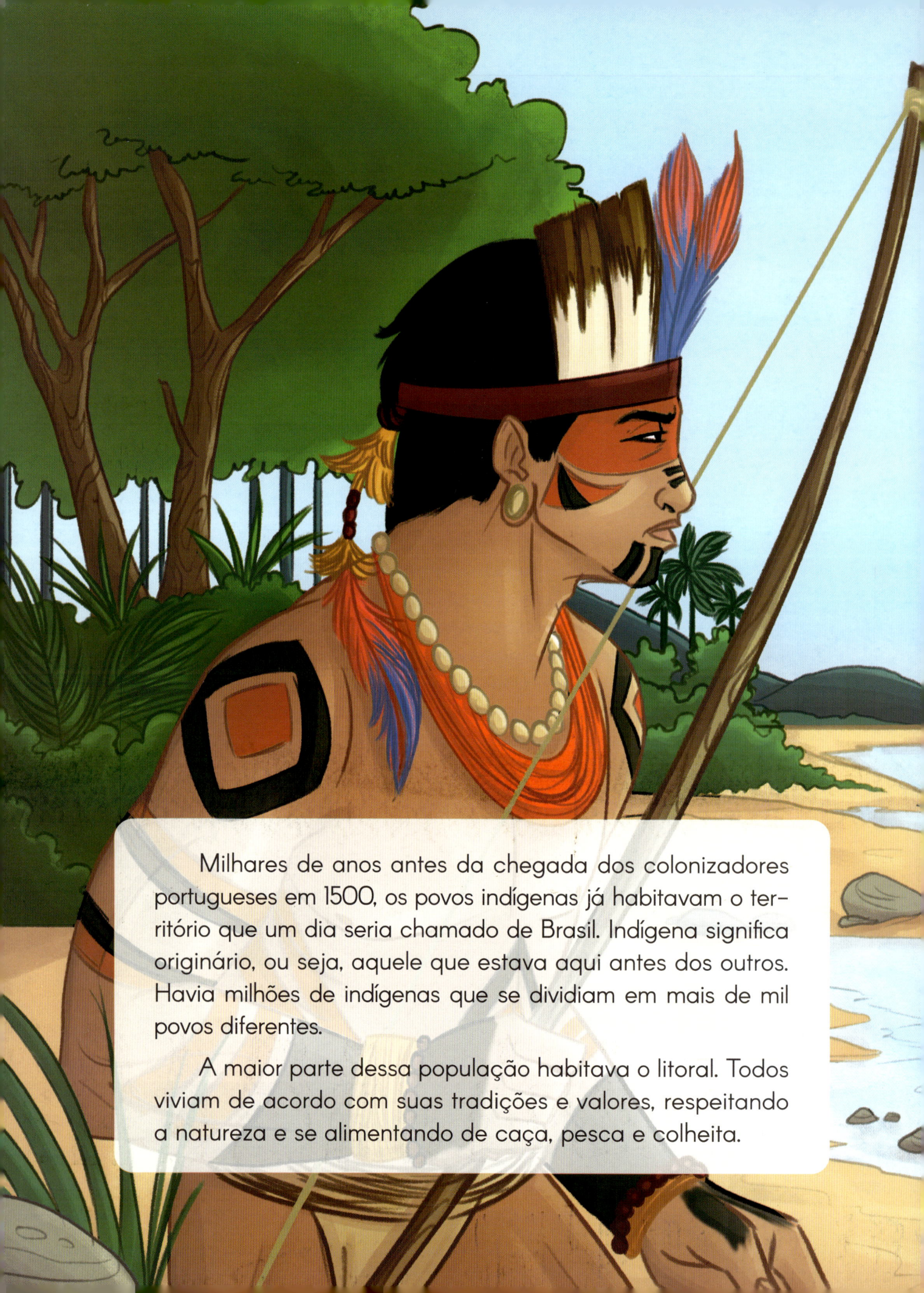

Milhares de anos antes da chegada dos colonizadores portugueses em 1500, os povos indígenas já habitavam o território que um dia seria chamado de Brasil. Indígena significa originário, ou seja, aquele que estava aqui antes dos outros. Havia milhões de indígenas que se dividiam em mais de mil povos diferentes.

A maior parte dessa população habitava o litoral. Todos viviam de acordo com suas tradições e valores, respeitando a natureza e se alimentando de caça, pesca e colheita.

Contudo, depois que os portugueses chegaram, esses povos nunca mais tiveram paz. Os europeus fizeram uma barbárie: enganaram, roubaram, escravizaram e mataram muitos indígenas para ocupar suas terras.

No início, extraíam de forma predatória o pau-brasil, árvore que se tornaria símbolo do país e que fornecia um pigmento vermelho usado para tingir tecidos na Europa. Depois, o homem branco passou a explorar as terras para diferentes finalidades: plantações de cana-de-açúcar, exploração de pedras preciosas, cultivo do café, criação de gado, etc.

Durante séculos, uma grande área de serras e vales dominada por florestas foi o lar do povo Krenak, chamados de Botocudos pelos portugueses por causa dos adornos usados nas orelhas e na boca. Essa região, que pertence atualmente ao estado de Minas Gerais, é banhada pelo extenso e imponente Rio Doce, que os indígenas chamam de *Watu*, que significa "ancestral, como se fosse um avô".

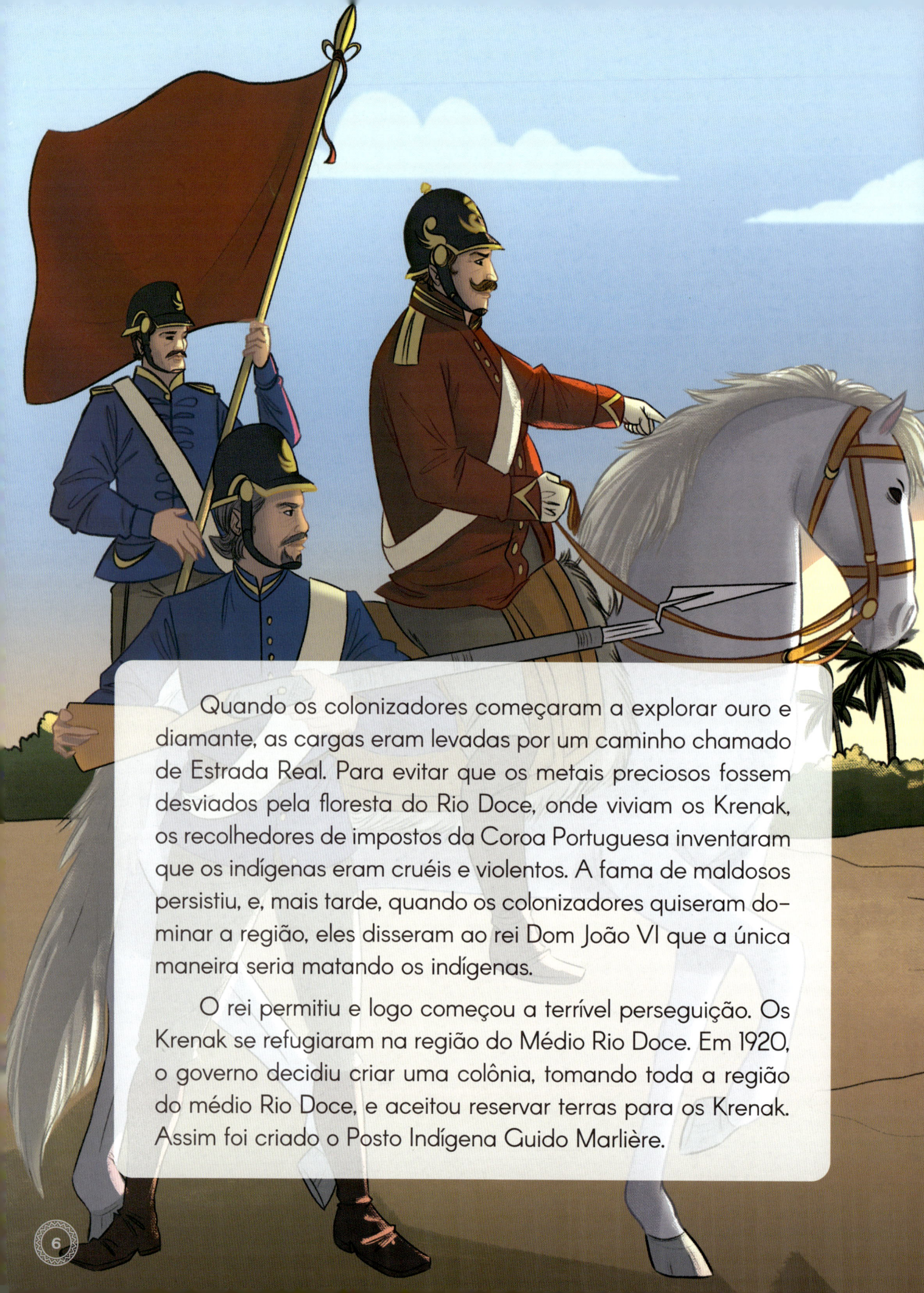

Quando os colonizadores começaram a explorar ouro e diamante, as cargas eram levadas por um caminho chamado de Estrada Real. Para evitar que os metais preciosos fossem desviados pela floresta do Rio Doce, onde viviam os Krenak, os recolhedores de impostos da Coroa Portuguesa inventaram que os indígenas eram cruéis e violentos. A fama de maldosos persistiu, e, mais tarde, quando os colonizadores quiseram dominar a região, eles disseram ao rei Dom João VI que a única maneira seria matando os indígenas.

O rei permitiu e logo começou a terrível perseguição. Os Krenak se refugiaram na região do Médio Rio Doce. Em 1920, o governo decidiu criar uma colônia, tomando toda a região do médio Rio Doce, e aceitou reservar terras para os Krenak. Assim foi criado o Posto Indígena Guido Marlière.

Apesar da criação da terra indígena, os Krenak continuaram sendo ameaçados por fazendeiros e sofreram deslocamentos forçados para aldeias de outras etnias. Desde a primeira transferência, em 1950, foram liberadas terras indígenas para os colonos.

Em 29 de setembro de 1953, na cidade de Itabirinha, pertinho do Rio Doce, nasceu Ailton Alves Lacerda Krenak. Ninguém ainda sabia, mas ele se tornaria um líder indígena reconhecido internacionalmente por sua atuação em defesa de sua etnia e dos seus parentes, como os indígenas chamam uns aos outros.

Quando ele nasceu, os Krenak tinham sido expulsos da reserva criada na década de 1920. Os primeiros dez anos da vida de Ailton foram fugindo com sua família dos invasores de seu território. Eles viveram em diferentes lugares cultivando roças e plantando milho. Ailton cresceu vendo a fuga de muitos parentes para outras aldeias, sempre sendo perseguidos.

Aos 17 anos, o jovem Ailton se mudou com a família para o estado do Paraná, onde se alfabetizou e atuou como produtor gráfico e jornalista.

No final dos anos 1970, em plena ditadura militar, Ailton passou a dedicar a sua vida e os seus estudos à defesa dos direitos dos indígenas. Ele visitou aldeias do país inteiro e conversou com os povos e seus líderes. A verdade era que todos sofriam com o mesmo tipo de ataques, invasões e descaso da lei.

Ailton entendeu que os povos indígenas não conquistariam nada se lutassem sozinhos. Afinal, todos tinham os mesmos problemas e deviam se unir para formar uma resistência.

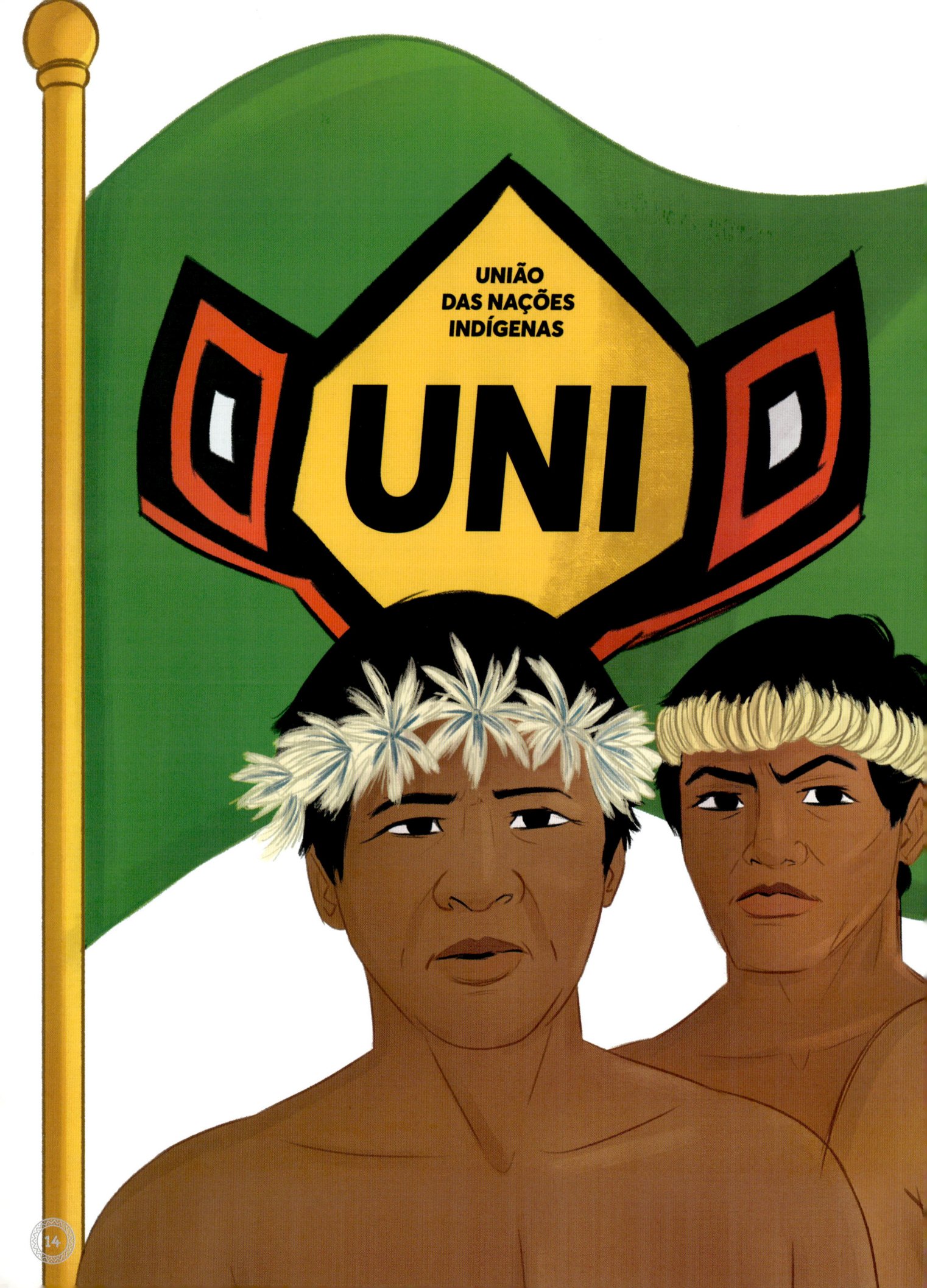

Em 1980, Ailton participou da criação da União das Nações Indígenas (UNI), a primeira organização do movimento indígena no Brasil. Em 1985, fundou o Núcleo de Cultura Indígena, localizado na Serra do Cipó em Minas Gerais.

Em 1986, garantiu sua participação na Assembleia Nacional Constituinte, onde foram elaboradas as leis da Constituição Federal Brasileira de 1988.

Na manhã de 4 de setembro de 1987, Ailton Krenak chegou ao Congresso Nacional, em Brasília, mas foi impedido de entrar, pois usava calça jeans e camiseta. Ele foi a alguns gabinetes de políticos aliados, pegou camisa de um, terno de outro, além de uma gravata, e montou o traje exigido.

Inteligente como sempre, preparou uma surpresa para o seu ato como representante dos indígenas. Krenak subiu à tribuna com um potinho contendo uma pasta preta feita de jenipapo, uma fruta da qual os indígenas extraem uma tinta preta utilizada em pinturas corporais. Durante seu discurso, começou a pintar o próprio rosto com a pasta.

Um dos parlamentares chegou a gritar pedindo que alguém o tirasse da tribuna, mas não adiantou. No dia seguinte, seu rosto pintado de preto estava estampado em jornais do Brasil e do mundo.

"O povo indígena tem um jeito de pensar, tem um jeito de viver, tem condições fundamentais para a sua existência e para a manifestação da sua tradição, da sua vida, da sua cultura, que não coloca em risco e nunca colocou a existência sequer dos animais que vivem ao redor das áreas indígenas, quanto mais de outros seres humanos. Creio que nenhum dos senhores poderia jamais apontar atos, atitudes da gente indígena do Brasil que colocaram em risco, seja a vida, seja o patrimônio de qualquer pessoa, de qualquer grupo humano neste país."

O ato de Ailton, aos 33 anos de idade, foi decisivo para reverter o clima contra os indígenas que havia no Congresso e conseguir a aprovação dos artigos 231 e 232 da Constituição Federal de 1988.

O Artigo 231 estabelece que: "São reconhecidos aos índios sua organização social, costumes, línguas, crenças e tradições, e os direitos originários sobre as terras que tradicionalmente ocupam, competindo à União demarcá-las, proteger e fazer respeitar todos os seus bens".

Em 1989, Krenak participou da Aliança dos Povos da Floresta, com a intenção de estabelecer reservas naturais na Amazônia, onde fosse possível a subsistência econômica por meio da extração de produtos naturais.

Desde 1998, a União das Nações Indígenas realiza, na região da Serra do Cipó, o Festival de Dança e Cultura, que integra os povos indígenas brasileiros que seguem resistindo aos massacres que tiveram início no período da colonização e que duram até hoje.

Krenak é reconhecido internacionalmente como ambientalista, escritor, filósofo e palestrante. Em 2016, a Universidade Federal de Juiz de Fora concedeu ao líder indígena o título de "Professor Honoris Causa" em reconhecimento à sua trajetória e resistência.

Em 2020, Krenak venceu o prêmio "Juca Pato" de intelectual do ano. Em 2022, recebeu o título de "Doutor Honoris Causa" da Universidade de Brasília (UnB). Ele foi o primeiro indígena a receber o título pela Universidade.

A sua vivência e atuação na defesa dos povos indígenas tornaram Krenak uma referência internacional no assunto. Além dos livros, das entrevistas e das entidades em que atua, Krenak é sempre convidado para dar palestras em diversos países.

Ele também é autor dos livros *Ideias para adiar o fim do mundo*, *O amanhã não está à venda* e *A vida não é útil*, entre outros.

Atualmente, a maior parte do povo Krenak vive na Terra Indígena Krenak, na cidade de Resplendor, em Minas Gerais. Em 2015, o rompimento da barragem de Fundão, na cidade de Mariana, contaminou completamente o Rio Doce com lama tóxica decorrente da mineração. Foi uma verdadeira tragédia para os indígenas, que dependiam do rio para viver. *Watu*, o ancestral em forma de rio, estava morto.

Apesar da violência que os Krenak têm sofrido ao longo da história, os indígenas não deixaram de resistir e lutar em defesa de seu território tradicional.

Ailton Krenak tem uma visão muito particular da vida e da sociedade. Para ele, o ser humano não está separado da natureza, por isso o seu povo vê o rio como um avô e as montanhas como uma mãe ou avó. Na visão de Krenak, o ser humano está em tudo e tudo está no ser humano. O líder indígena, ambientalista e escritor continua em sua trajetória de defesa da natureza e dos direitos dos povos indígenas.

Em 2022, Ailton Krenak foi eleito como o novo ocupante da cadeira número 24 da Academia Mineira de Letras.

Querido leitor,

A editora MOSTARDA é a concretização de um sonho. Fazemos parte da segunda geração de uma família dedicada aos livros. A escolha do nome da editora tem origem no que a semente da mostarda representa: é a menor semente da cadeia dos grãos, mas se transforma na maior de todas as hortaliças. Assim, nossa meta é fazer da editora uma grande e importante difusora do livro, e que nessa trajetória possamos mudar a vida das pessoas. Esse é o nosso ideal.

As primeiras obras da editora MOSTARDA chegam com a coleção BLACK POWER, nome do movimento pelos direitos do povo negro ocorrido nos EUA nas décadas de 1960 e 1970, luta que, infelizmente, ainda é necessária nos dias de hoje em diversos países.

Acreditando no poder dos livros como força transformadora, as coleções BLACK POWER e KARIRI apresentam biografias de personalidades negras e indígenas que são exemplos para as novas gerações. As histórias mostram que esses grandes intelectuais fizeram e fazem a diferença.

Os autores das coleções, todos ligados às áreas da educação e das letras, pesquisaram os fatos históricos para criar textos inspiradores e de leitura prazerosa. Seguindo o ideal da editora, acreditam que o conhecimento é capaz de desconstruir preconceitos e abrir as portas do pensamento rumo a uma sociedade mais justa.

Pedro Mezette
CEO Founder
Editora Mostarda

EDITORA MOSTARDA
www.editoramostarda.com.br
Instagram: @editoramostarda

© Francisco Lima Neto, 2022

Direção:	Pedro Mezette
Coordenação:	Andressa Maltese
Produção:	A&A Studio de Criação
Texto:	Francisco Lima Neto
	Mario Aranha
	Orlando Nilha
	Rodrigo Luis
Revisão:	Elisandra Pereira
	Marcelo Montoza
	Nilce Bechara
Diagramação:	Ione Santana
Ilustração:	Eduardo Vetillo
	Henrique HEO
	Henrique S. Pereira
	Kako Rodrigues
	Leonardo Malavazzi

Dados Internacionais de Catalogação na Publicação (CIP)
(Câmara Brasileira do Livro, SP, Brasil)

```
Lima Neto, Francisco
   Krenak : Ailton Krenak / Francisco Lima Neto. --
1. ed. -- Campinas, SP : Editora Mostarda, 2022.

   ISBN 978-65-88183-78-6

   1. Biografia - Literatura infantojuvenil 2. Índios
Krenak 3. Krenak, Ailton 4. Líderes - Biografia
I. Título.

22-115257                                    CDD-028.5
```

Índices para catálogo sistemático:

1. Biografia : Literatura infantil   028.5
2. Biografia : Literatura infantojuvenil   028.5

Eliete Marques da Silva - Bibliotecária - CRB-8/9380

Nota: Os profissionais que trabalharam neste livro pesquisaram e compararam diversas fontes numa tentativa de retratar os fatos como eles aconteceram na vida real. Ainda assim, trata-se de uma versão adaptada para o público infantojuvenil que se atém aos eventos e personagens principais.